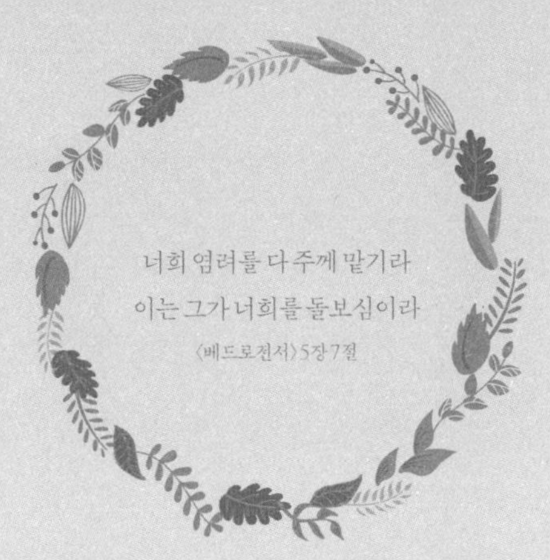


_______________ 님을 위하여
기도하며 이 책을 드립니다.

# My
# Prayers Book

나를 바로 세우는 능력, 기도

# My Prayers Book
황용법 샘플

**Date**

**2018** / **3** / **1**



## My Prayers

1. 아들이 새로 입학하는 유치원에서 좋은 친구들과
   선생님을 만나게 해주세요. 엄마와 떨어지는 것을 힘들어하는
   아이인데 즐겁게 유치원 다닐 수 있도록 도와주세요.

2. 엄마가 귀가 잘 안 들리셔서 수술을 앞두고 있습니다.
   그동안 여러 차례의 다른 수술로 몸이 약해져 있는데,
   수술 잘 이겨낼 수 있도록 힘을 주시고,
   치유의 능력을 주세요.

3. 내일 새벽기도에 갈 수 있도록 오늘 잘 자고,
   일찍 일어나게 도와주세요.
   그동안 하나님을 멀리하고 게으르게 산 저를 회개하며
   열심히 기도하겠습니다.

## My Thanks

1. 오늘도 기도할 수 있어서 감사합니다.

2. 아프지 않고 활기차게 하루를 보낸 것에 감사합니다.

3. 맛있는 저녁을 먹게 해주신 것에 감사합니다.

너희가 기도할 때에 무엇이든지 믿고 구하는 것은
다 받으리라 하시니라
마태복음 21장 22절

## My Prayers

1. 하루를 마치는 기도
오늘 하루 무사히 마치고 따뜻한 잠자리에 들 수 있게 하심을
감사드립니다.

2. 용서를 위한 기도
직장 상사에 대한 불만으로, 하루 종일 그를 미워하고 탓했습니다.
제 마음을 넉넉하게 하시어 나와 다른 생각도 받아들일 줄
알게 하시고, 상처와 분노로 사람들을 대하지 않게 해주세요.

3. 자신을 위한 기도
하나님의 모든 자비하심이 구현되어 모든 삶에
선한 영향력을 끼칠 수 있는 제가 되게 해주세요.

## My Thanks

1. 푹 자고 일어나게 하신 것 감사합니다.
2. 회사에 중요한 프로젝트를 무사히 잘 끝낼 수 있게 하심을
감사합니다.
3. 가족들과 맛있는 저녁 식사를 함께할 수 있음에 감사합니다.

# 주일예배
# 대표기도문

사랑과 은혜가 충만하신 하나님 아버지,

오늘도 거룩한 주일을 맞이하여 하나님 앞에 나와 찬양과 예배로 영광 돌리게 하시니 감사드립니다. 지난 한 주간도 세상 가운데 주의 영광을 드러내기보다는 자신의 욕심을 내세우고, 주의 말씀 따라 살지 못하고, 인간의 보잘 것 없는 생각대로 살았음을 고백합니다. 연약하고 부족한 우리를 용서하여 주옵시고, 주가 주신 권능으로 채워가며 세상을 향해 십자가를 증거하는 복된 삶이 되게 하소서.

나라를 위해 기도합니다. 우리나라를 축복하시고, 나라를 이끌어가는 위정자들을 인도하여 주옵소서. 그들에게 의와 진리를 깨닫게 하시며 지혜와 분별력을 주셔서 정사를 올바로 이끌게 하시옵소서. 또한 이 백성들의 모든 형편과 처지를 돌보시고, 저희들 가운데 속히 주님의 사랑과 평화가 넘치는 나라가 임할 수 있는 놀라운 축복을 허락해주세요.

특별히 저희 교회를 위하여 기도합니다. 우리 OO교회 성도들을 기억하여 주옵시고, 오직 말씀과 기도로 드려지는 온전한 삶이 되기를 소망합니다.

아픔과 슬픔이 있는 성도들에게는 하나님께서 어루만져주시어 새 힘과 용기를 주옵소서. 가정의 여러 문제와 경제적인 문제로 간구하는 기도를 주께서 들어주시고 친히 응답해 주시옵기를 바라고 원합니다.

오늘 말씀을 전하는 목사님에게 영육간의 강건함을 허락하시어, 놀라운 능력의 말씀을 증거하실 수 있도록 함께 하시옵소서. 선포하는 말씀을 통해 성도들이 주님을 만나고, 삶 속에서 적용하게 하옵소서. 또한 주님이 예비하신 은혜를 넘치도록 부어주시는 축복의 시간이 되게 하시옵소서.

은혜로운 찬양으로 주님께 영광 돌리는 찬양대의 귀한 찬양을 기쁘게 받으시고, 예배와 교회를 위해 곳곳에서 수고하는 모든 성도들에게 주님의 축복과 은혜를 풍성하게 내려주시기를 원합니다.

늘 감사드리며 이 모든 말씀을 우리 주 예수님 이름으로 기도드립니다.

아멘

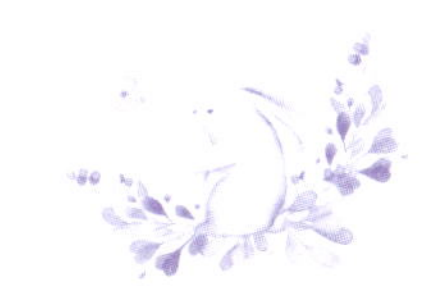

## 나의 기도 제목

1 ______________________________________________

2 ______________________________________________

3 ______________________________________________

4 ______________________________________________

5 ______________________________________________

# 가족과 이웃을 위한 기도 제목

| 분류 | 이름 | 기도 제목 |
| --- | --- | --- |
| 가족 | | |
| 친구 | | |
| | | |
| | | |

**Date**

/        /

**My Prayers**

**My Thanks**

**Date**

/        /

**My Prayers**

**My Thanks**

**Date**

/        /

---

**My Prayers**

**My Thanks**

**Date**

/          /

내가 여호와께 간구하매 내게 응답하시고
내 모든 두려움에서 나를 건지셨도다
_〈시편〉 34편 4절

**My Prayers**

**My Thanks**

**Date**

/          /



## My Prayers

## My Thanks

**Date**

/          /

## My Prayers

## My Thanks

**Date**

/      /

___

**My Prayers**

**My Thanks**


지금까지는 너희가 내 이름으로
아무 것도 구하지 아니하였으나 구하라
그리하면 받으리니 너희 기쁨이 충만하리라
_〈요한복음〉16장 24절

모든 기도와 간구를 하되 항상 성령 안에서 기도하고
이를 위하여 깨어 구하기를 항상 힘쓰며
여러 성도를 위하여 구하라
_〈에베소서〉6장 18절

## My Prayers

## My Thanks

**Date**

/        /



**My Prayers**

**My Thanks

내가 나의 마음에 죄악을 품었더라면
주께서 듣지 아니하시리라
〈시편〉 66편 18절

**My Prayers**

**My Thanks**

**Date**

/　　　/

무엇이든지 구하는 바를 그에게서 받나니
이는 우리가 그의 계명을 지키고
그 앞에서 기뻐하시는 것을 행함이라
_〈요한1서〉 3장 22절

**My Prayers**

**My Thanks**


무엇이든지 구하는 바를 그에게서 받나니
이는 우리가 그의 계명을 지키고
그 앞에서 기뻐하시는 것을 행함이라
_〈요한1서〉 3장 22절

**My Prayers**

**My Thanks**

다니엘이 이 조서에 왕의 도장이 찍힌 것을 알고도
자기 집에 돌아가서는 윗방에 올라가 예루살렘으로 향한
창문을 열고 전에 하던 대로 하루 세 번씩 무릎을
꿇고 기도하며 그의 하나님께 감사하였더라
_〈다니엘〉6장 10절

**My Prayers**

**My Thanks**

**Date**

/        /

예수의 소문이 더욱 퍼지매 수많은 무리가
말씀도 듣고 자기 병도 고침을 받고자 하여 모여 오되
예수는 물러가사 한적한 곳에서 기도하시니라
〈누가복음〉5장 15, 16절

**My Prayers**

**My Thanks**

**Date**

／　　／

이 때에 예수께서 기도하시러 산으로 가사
밤이 새도록 하나님께 기도하시고
_〈누가복음〉6장 12절

**My Prayers**

**My Thanks**

**Date**

/        /



---

**My Prayers**

**My Thanks**

**Date**

/          /

한밤중에 바울과 실라가 기도하고
하나님을 찬송하며 죄수들이 듣더라
_〈사도행전〉16장 25절

**My Prayers**

**My Thanks**

너는 내게 부르짖으라 내가 네게 응답하겠고
네가 알지 못하는 크고 은밀한 일을 네게 보이리라
_〈예레미야〉 33장 3절

**My Prayers**

**My Thanks**

이와 같이 성령도 우리의 연약함을 도우시나니
우리는 마땅히 기도할 바를 알지 못하나
오직 성령이 말할 수 없는 탄식으로 우리를 위하여
친히 간구하시느니라
_⟨로마서⟩8장 26절

## My Prayers

## My Thanks

**Date**

/          /

여호와의 말씀이니라 너희를 향한 나의 생각을
내가 아나니 평안이요 재앙이 아니니라
너희에게 미래와 희망을 주는 것이니라
_〈예레미야〉 29장 11절

**My Prayers**

**My Thanks**

너희가 내게 부르짖으며 내게 와서 기도하면
내가 너희들의 기도를 들을 것이요 너희가 온 마음으로
나를 구하면 나를 찾을 것이요 나를 만나리라
_〈예레미야〉29장 12, 13절

**My Prayers**

**My Thanks**

**Date**

/          /

아무 것도 염려하지 말고 다만 모든 일에 기도와 간구로,
너희 구할 것을 감사함으로 하나님께 아뢰라
그리하면 모든 지각에 뛰어난 하나님의 평강이
그리스도 예수 안에서 너희 마음과 생각을 지키시리라
_〈빌립보서〉4장 6, 7절

**My Prayers**

**My Thanks**

너희가 내 안에 거하고 내 말이 너희 안에 거하면
무엇이든지 원하는 대로 구하라 그리하면 이루리라
_〈요한복음〉15장7절

## My Prayers

## My Thanks

진실로 다시 너희에게 이르노니 너희 중의 두 사람이
땅에서 합심하여 무엇이든지 구하면 하늘에 계신
내 아버지께서 그들을 위하여 이루게 하시리라
_〈마태복음〉18장 19절

---

**My Prayers**

**My Thanks**

구하라 그리하면 너희에게 주실 것이요 찾으라
그리하면 찾아낼 것이요 문을 두드리라 그리하면
너희에게 열릴 것이니

_〈마태복음〉7장 7절

---

**My Prayers**

**My Thanks**

구하는 이마다 받을 것이요 찾는 이는 찾아낼 것이요
두드리는 이에게는 열릴 것이니라
〈마태복음〉 7장 8절

**My Prayers**

**My Thanks**


구하는 이마다 받을 것이요 찾는 이는 찾아낼 것이요
두드리는 이에게는 열릴 것이니라
〈마태복음〉 7장 8절

**Date**

/        /



**My Prayers**

**My Thanks**

**Date**

/      /

또한 우리를 위하여 기도하되 하나님이 전도할 문을
우리에게 열어 주사 그리스도의 비밀을 말하게 하시기를
구하라 내가 이 일 때문에 매임을 당하였노라
_〈골로새서〉4장 3절

---

**My Prayers**

**My Thanks**

또한 우리를 위하여 기도하되 하나님이 전도할 문을
우리에게 열어 주사 그리스도의 비밀을 말하게 하시기를
구하라 내가 이 일 때문에 매임을 당하였노라
_〈골로새서〉4장 3절

그러므로 내가 첫째로 권하노니 모든 사람을 위하여
간구와 기도와 도고와 감사를 하되
_〈디모데전서〉 2장 1절

**My Prayers**

**My Thanks**

임금들과 높은 지위에 있는 모든 사람을 위하여 하라
이는 우리가 모든 경건과 단정함으로 고요하고
평안한 생활을 하려 함이라
_〈디모데전서〉2장 2절

**My Prayers**

**My Thanks**

**Date**

/    /

**My Prayers**

**My Thanks**

만물의 마지막이 가까이 왔으니
그러므로 너희는 정신을 차리고 근신하여 기도하라
_〈베드로전서〉4장 7절

**My Prayers**

**My Thanks**

**Date**

/        /

여호와여 내가 주께 대한 소문을 듣고 놀랐나이다
여호와여 주는 주의 일을 이 수년 내에 부흥하게 하옵소서
이 수년 내에 나타내시옵소서 진노 중에라도
긍휼을 잊지 마옵소서
_〈하박국〉 3장 2절

**My Prayers**

**My Thanks**

우리가 일어나 벧엘로 올라가자 내 환난 날에
내게 응답하시며 내가 가는 길에서 나와 함께 하신
하나님께 내가 거기서 제단을 쌓으려 하노라 하매
_〈창세기〉35장 3절

**My Prayers**

**My Thanks**

**Date**

/        /



**My Prayers**

**My Thanks**

**Date**

     /     /

## My Prayers

## My Thanks

내 이름으로 일컫는 내 백성이 그들의 악한 길에서 떠나
스스로 낮추고 기도하여 내 얼굴을 찾으면
내가 하늘에서 듣고 그들의 죄를 사하고
그들의 땅을 고칠지라
_〈역대하〉7장 14절

**My Prayers**

**My Thanks**

## My Prayers

## My Thanks

그러므로 우리가 여호와를 알자 힘써 여호와를 알자
그의 나타나심은 새벽 빛 같이 어김없나니 비와 같이,
땅을 적시는 늦은 비와 같이 우리에게 임하시리라 하니라
_〈호세아〉6장 3절

## My Prayers

## My Thanks

**Date**

/     /

**My Prayers**

**My Thanks**

**Date**

/        /



**My Prayers**

**My Thanks**

**Date**

/        /

**My Prayers**

**My Thanks**

오직 성령이 너희에게 임하시면 너희가 권능을 받고
예루살렘과 온 유대와 사마리아와 땅 끝까지 이르러
내 증인이 되리라 하시니라
_〈사도행전〉1장8절

내가 복음을 부끄러워하지 아니하노니 이 복음은
모든 믿는 자에게 구원을 주시는 하나님의 능력이 됨이라
먼저는 유대인에게요 그리고 헬라인에게로다
〈로마서〉1장 16절

## My Prayers

## My Thanks

**Date**

/        /

영접하는 자 곧 그 이름을 믿는 자들에게는
하나님의 자녀가 되는 권세를 주셨으니 이는 혈통으로나
육정으로나 사람의 뜻으로 나지 아니하고
오직 하나님께로부터 난 자들이니라
_〈요한복음〉1장 12, 13절

**My Prayers**

**My Thanks**

**My Prayers**

**My Thanks**

예수께서 대답하시되 진실로 진실로 네게 이르노니
사람이 물과 성령으로 나지 아니하면 하나님의 나라에
들어갈 수 없느니라
_〈요한복음〉3장5절

## My Prayers

## My Thanks

너희가 거듭난 것은 썩어질 씨로 된 것이 아니요
썩지 아니할 씨로 된 것이니 살아 있고 항상 있는
하나님의 말씀으로 되었느니라
〈베드로전서〉 1장 23절

**My Prayers**

**My Thanks**

**Date**

/          /

만일 우리가 우리 죄를 자백하면 그는 미쁘시고
의로우사 우리 죄를 사하시며 우리를 모든 불의에서
깨끗하게 하실 것이요
_〈요한1서〉1장 9절

**My Prayers**

**My Thanks**

만일 우리가 우리 죄를 자백하면 그는 미쁘시고
의로우사 우리 죄를 사하시며 우리를 모든 불의에서
깨끗하게 하실 것이요

너희는 이 세대를 본받지 말고 오직 마음을
새롭게 함으로 변화를 받아 하나님의 선하시고
기뻐하시고 온전하신 뜻이 무엇인지 분별하도록 하라
〈로마서〉 12장 2절

## My Prayers

## My Thanks

**Date**

/         /



**My Prayers**

**My Thanks**



**My Prayers**

**Date**

/          /



**My Prayers**

**My Thanks**

## Date

/          /

그러므로 우리가 믿음으로 의롭다 하심을 받았으니
우리 주 예수 그리스도로 말미암아 하나님과
화평을 누리자
_〈로마서〉5장 1절

---

## My Prayers

## My Thanks

그러므로 우리가 믿음으로 의롭다 하심을 받았으니
우리 주 예수 그리스도로 말미암아 하나님과
화평을 누리자
_〈로마서〉5장 1절

**Date**

/        /

다만 이뿐 아니라 우리가 환난 중에도 즐거워하나니
이는 환난은 인내를, 인내는 연단을, 연단은
소망을 이루는 줄 앎이로다
_〈로마서〉 5장 3, 4절

---

**My Prayers**

**My Thanks**

그러므로 이제 그리스도 예수 안에 있는 자에게는
결코 정죄함이 없나니 이는 그리스도 예수 안에 있는
생명의 성령의 법이 죄와 사망의 법에서
너를 해방하였음이라
_〈로마서〉8장 1, 2절

**My Prayers**

**My Thanks**

무릇 하나님의 영으로 인도함을 받는 사람은
곧 하나님의 아들이라
〈로마서〉 8장 14절

**My Prayers**

**My Thanks**

**Date**

/        /

---

**My Prayers**

**My Thanks**

너희는 다시 무서워하는 종의 영을 받지 아니하고
양자의 영을 받았으므로 우리가 아빠 아버지라고
부르짖느니라
_〈로마서〉8장 15절

**Date**

/          /

---

**My Prayers**

**My Thanks

그 기쁘신 뜻대로 우리를 예정하사 예수 그리스도로
말미암아 자기의 아들들이 되게 하셨으니 이는
그가 사랑하시는 자 안에서 우리에게 거저 주시는 바
그의 은혜의 영광을 찬송하게 하려는 것이라
_〈에베소서〉 1장 5, 6절

**My Prayers**

**My Thanks**

그 기쁘신 뜻대로 우리를 예정하사 예수 그리스도로
말미암아 자기의 아들들이 되게 하셨으니 이는
그가 사랑하시는 자 안에서 우리에게 거저 주시는 바
그의 은혜의 영광을 찬송하게 하려는 것이라

**Date**

/        /



**My Prayers**

**My Thanks**

**Date**

/ /

오직 너희를 부르신 거룩한 이처럼 너희도 모든 행실에
거룩한 자가 되라 기록되었으되 내가 거룩하니
너희도 거룩할지어다 하셨느니라
_〈베드로전서〉1장 15, 16절

## My Prayers

## My Thanks

너희는 유혹의 욕심을 따라 썩어져 가는 구습을 따르는
옛 사람을 벗어 버리고, 오직 너희의 심령이 새롭게 되어,
하나님을 따라 의와 진리의 거룩함으로 지으심을 받은
새 사람을 입으라

_〈에베소서〉4장 22-24절

## My Prayers

## My Thanks

**Date**

/          /

내가 그들에게 영생을 주노니 영원히 멸망하지
아니할 것이요 또 그들을 내 손에서 빼앗을 자가 없느니라
_〈요한복음〉10장 28절

**My Prayers**

**My Thanks**

너희 안에서 착한 일을 시작하신 이가
그리스도 예수의 날까지 이루실 줄을 우리는 확신하노라
〈빌립보서〉 1장 6절

**My Prayers**

**My Thanks**

하나님이 세상을 이처럼 사랑하사
독생자를 주셨으니 이는 그를 믿는 자마다 멸망하지 않고
영생을 얻게 하려 하심이라
_〈요한복음〉3장 16절

**My Prayers**

**My Thanks**

하나님이 세상을 이처럼 사랑하사
독생자를 주셨으니 이는 그를 믿는 자마다 멸망하지 않고
영생을 얻게 하려 하심이라
_〈요한복음〉3장 16절

죄의 삯은 사망이요 하나님의 은사는
그리스도 예수 우리 주 안에 있는 영생이니라
_〈로마서〉6장 23절

**My Prayers**

**My Thanks**

**Date**

/ /



**My Prayers**

**My Thanks**

**Date**

/          /

**My Prayers**

**My Thanks**

사람아 주께서 선한 것이 무엇임을 네게 보이셨나니
여호와께서 네게 구하시는 것은 오직 정의를 행하며
인자를 사랑하며 겸손하게 네 하나님과
함께 행하는 것이 아니냐
_〈미가〉6장 8절

**My Prayers**

**My Thanks**

사람아 주께서 선한 것이 무엇임을 네게 보이셨나니
여호와께서 네게 구하시는 것은 오직 정의를 행하며
인자를 사랑하며 겸손하게 네 하나님과
함께 행하는 것이 아니냐
_〈미가〉6장 8절

오라 우리가 여호와께로 돌아가자 여호와께서
우리를 찢으셨으나 도로 낫게 하실 것이요
우리를 치셨으나 싸매어 주실 것임이라

〈호세아〉6장 1절

## My Prayers

## My Thanks

**Date**

/          /

야곱아 너를 창조하신 여호와께서 지금 말씀하시느니라
이스라엘아 너를 지으신 이가 말씀하시느니라
너는 두려워하지 말라 내가 너를 구속하였고
내가 너를 지명하여 불렀나니 너는 내 것이라
_〈이사야〉43장 1절

**My Prayers**

**My Thanks**

내 형제들아 너희가 여러 가지 시험을 당하거든
온전히 기쁘게 여기라 이는 너희 믿음의 시련이
인내를 만들어 내는 줄 너희가 앎이라
〈야고보서〉1장 2, 3절

**My Prayers**

**My Thanks**

**Date**

/          /

너희 중에 누구든지 지혜가 부족하거든 모든 사람에게
후히 주시고 꾸짖지 아니하시는 하나님께 구하라
그리하면 주시리라
_〈야고보서〉 1장 5절

---

**My Prayers**

**My Thanks**

너희 중에 누구든지 지혜가 부족하거든 모든 사람에게
후히 주시고 꾸짖지 아니하시는 하나님께 구하라
그리하면 주시리라

**Date**

/          /

보내심을 받지 아니하였으면 어찌 전파하리요
기록된 바 아름답도다 좋은 소식을 전하는 자들의
발이여 함과 같으니라
_〈로마서〉 10장 15절

---

**My Prayers**

**My Thanks**

**Date**

/        /

**My Prayers**

**My Thanks**

**Date**

/ /

---

**My Prayers**

**My Thanks**

여호와의 율법은 완전하여 영혼을 소성시키며
여호와의 증거는 확실하여 우둔한 자를 지혜롭게 하며
여호와의 교훈은 정직하여 마음을 기쁘게 하고
여호와의 계명은 순결하여 눈을 밝게 하시도다
〈시편〉19편 7, 8절

**My Prayers**

**My Thanks**

**Date**

/        /

항상 기뻐하라 쉬지 말고 기도하라 범사에 감사하라
이것이 그리스도 예수 안에서 너희를 향하신
하나님의 뜻이니라
_〈데살로니가전서〉 5장 16-18절

**My Prayers**

**My Thanks**

항상 기뻐하라 쉬지 말고 기도하라 범사에 감사하라
이것이 그리스도 예수 안에서 너희를 향하신
하나님의 뜻이니라
_〈데살로니가전서〉 5장 16-18절

비록 무화과나무가 무성하지 못하며 포도나무에
열매가 없으며 감람나무에 소출이 없으며 밭에 먹을 것이
없으며 우리에 양이 없으며 외양간에 소가 없을지라도
나는 여호와로 말미암아 즐거워하며 나의 구원의
하나님으로 말미암아 기뻐하리로다 _(하박국)3장 17, 18절

**My Prayers**

**My Thanks**

**Date**

/      /

너희도 성령 안에서 하나님이 거하실 처소가 되기 위하여
그리스도 예수 안에서 함께 지어져 가느니라
_〈에베소서〉 2장 22절

**My Prayers**

**My Thanks**

너희도 성령 안에서 하나님이 거하실 처소가 되기 위하여
그리스도 예수 안에서 함께 지어져 가느니라
_〈에베소서〉 2장 22절

**Date**

/          /



**My Prayers**

**My Thanks**

## Date

/          /



## My Prayers

## My Thanks

**Date**

/          /



**My Prayers**

**My Thanks**

전능하신 하나님이 네게 복을 주시어 네가 생육하고
번성하게 하여 네가 여러 족속을 이루게 하시고
_〈창세기〉 28장 3절

**My Prayers**

**My Thanks**

**Date**

/      /



**My Prayers**

**My Thanks**

**Date**

/        /

---

**My Prayers**

**My Thanks**

너희 염려를 다 주께 맡기라 이는 그가 너희를 돌보심이라

_〈베드로전서〉5장 7절

**My Prayers**

**My Thanks**

**Date**

/        /

여호와는 선하시니 그의 인자하심이 영원하고
그의 성실하심이 대대에 이르리로다
_〈시편〉 100편 5절

**My Prayers**

**My Thanks**

**My Prayers**

**My Thanks**

**My Prayers**

**My Thanks**

**Date**

/          /



**My Prayers**

**My Thanks**

**Date**

/        /

---

**My Prayers**

**My Thanks**

**Date**

/　　/

## My Prayers

## My Thanks

예수께서 이르시되 내가 곧 길이요 진리요 생명이니
나로 말미암지 않고는 아버지께로 올 자가 없느니라
〈요한복음〉14장6절

**My Prayers**

**My Thanks**

**Date**

/          /

## My Prayers

## My Thanks

**Date**

/        /

---

**My Prayers**

**My Thanks**

**Date**

/        /

누가 정죄하리요 죽으실 뿐 아니라 다시 살아나신 이는
그리스도 예수시니 그는 하나님 우편에 계신 자요
우리를 위하여 간구하시는 자시니라
_〈로마서〉8장 34절

**My Prayers**

**My Thanks**

**Date**

/        /



**My Prayers**

**My Thanks**

**Date**

/          /

## My Prayers

## My Thanks

**Date**

/        /

## My Prayers

## My Thanks

심령이 가난한 자는 복이 있나니 천국이 그들의 것임이요
_〈마태복음〉5장 3절

**My Prayers**

**My Thanks**

Date

/          /

나는 빛으로 세상에 왔나니 무릇 나를 믿는 자로
어둠에 거하지 않게 하려 함이로라
_〈요한복음〉12장 46절

My Prayers

My Thanks

나는 빛으로 세상에 왔나니 무릇 나를 믿는 자로
어둠에 거하지 않게 하려 함이로라
_〈요한복음〉12장 46절

그는 우리의 화평이신지라 둘로 하나를 만드사
원수 된 것 곧 중간에 막힌 담을 자기 육체로 허시고
〈에베소서〉 2장 14절

**My Prayers**

**My Thanks**

**Date**

/        /

서로 친절하게 하며 불쌍히 여기며 서로 용서하기를
하나님이 그리스도 안에서 너희를 용서하심과 같이 하라
_〈에베소서〉 4장 32절

**My Prayers**

**My Thanks**

**Date**

/        /

## My Prayers

## My Thanks

나의 힘이신 여호와여 내가 주를 사랑하나이다
〈시편〉18편 1절

/    /

---

**My Prayers**

**My Thanks**

나는 너희에게 이르노니 너희 원수를 사랑하며
너희를 박해하는 자를 위하여 기도하라
〈마태복음〉 5장 44절

**My Prayers**

**My Thanks**

나의 사랑하는 자가 내게 말하여 이르기를 나의 사랑,
내 어여쁜 자야 일어나서 함께 가자
〈아가〉 2장 10절

## My Prayers

## My Thanks

**Date**

/    /

**My Prayers**

**My Thanks**

## My Prayers Book

초판 1쇄 인쇄 2018년 3월 15일
초판 1쇄 발행 2018년 3월 20일

발행인 조상현
마케팅 김나연
편집인 김주연
디자인 Design IF
펴낸곳 더디퍼런스

* 마이북은 더디퍼런스의 지식실용 브랜드입니다.

등록번호 제2015-000237호
주소 서울시 마포구 마포대로 127, 304호
문의 02-712-7927
팩스 02-6974-1237
이메일 thedibooks@naver.com
홈페이지 www.thedifference.co.kr

ISBN 979-11-6125-084-7(애니멀)(02230)
      979-11-6125-087-8(패턴)
      979-11-6125-090-8(핸즈)

독자 여러분의 소중한 원고를 기다리고 있으니 많은 투고 바랍니다.
이 책은 저작권법 및 특허법에 따라 보호받는 저작물이므로 무단전재와 무단복제를 금합니다.
파본이나 잘못 만들어진 책은 구입하신 서점에서 바꾸어 드립니다.
책값은 뒤표지에 있습니다.